AF216319

Impressum
Verlag: BABADADA GmbH, Nedderfeld 112 , 22529 Hamburg
Geschäftsführer / Verlagsleitung: Harald Hof
Druck: Books on Demand GmbH, In de Tarpen 42, 22848 Norderstedt

Imprint
Publisher: BABADADA GmbH, Nedderfeld 112 , 22529 Hamburg, Germany
Managing Director / Publishing direction: Harald Hof
Print: Books on Demand GmbH, In de Tarpen 42, 22848 Norderstedt

school
school

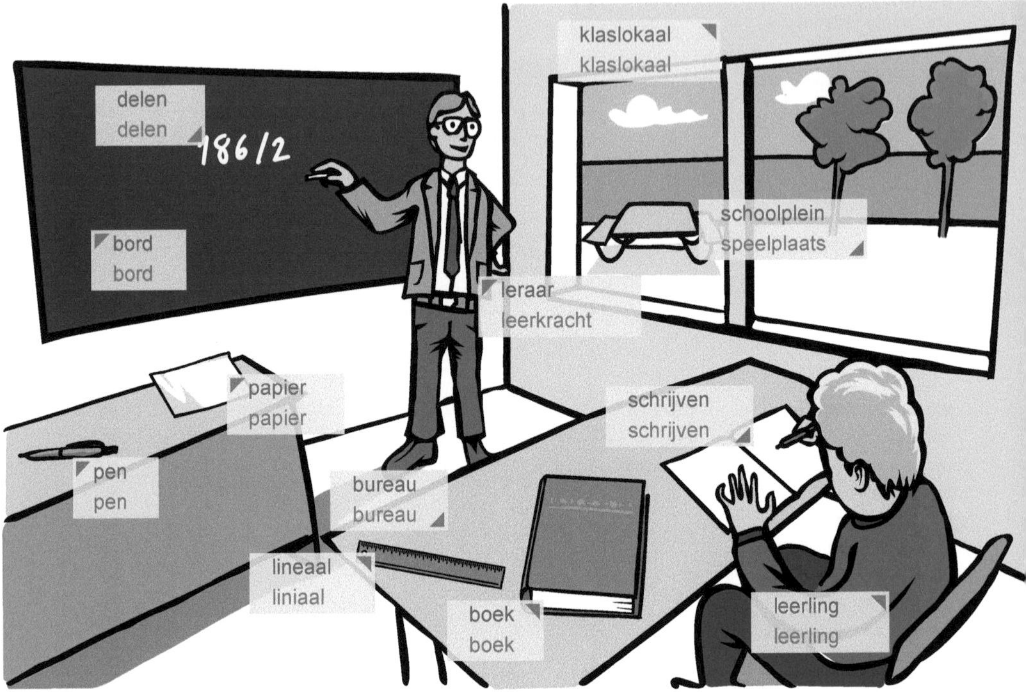

klaslokaal
klaslokaal
delen
delen
186/2
bord
bord
schoolplein
speelplaats
leraar
leerkracht
papier
papier
schrijven
schrijven
pen
pen
bureau
bureau
lineaal
liniaal
boek
boek
leerling
leerling

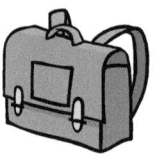

schooltas
schooltas

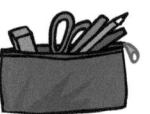

etui
pennenzak

potlood
potlood

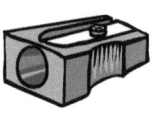

puntenslijper
puntenslijper

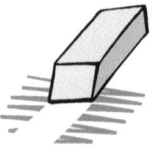

gum
gom

schetsblok
tekenblok

tekening

tekening

penseel

verfborstel

verfdoos

verfdoos

schaar

schaar

lijm

lijm

schrift

werkboek

huiswerk

huiswerk

getal

nummer

2+2

optellen

optellen

5-2

aftrekken

aftrekken

vermenigvuldigen

vermenigvuldigen

rekenen

rekenen

letter

letter

alfabet

alfabet

woord

woord

tekst
tekst

lezen
Lezen

krijt
krijt

les
les

klassenboek
klassenboek

examen
examen

diploma
certificaat

schooluniform
schooluniform

opleiding
onderwijs

encyclopedie
encyclopedie

universiteit
universiteit

microscoop
microscoop

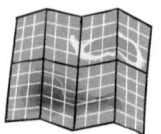

kaart
kaart

prullenmand
papiermand

hotel
hotel

Grand

hostel
jeugdherberg

ROOMS

wisselkantoor
wisselkantoor

EXCHANGE

koffer
koffer

auto
auto

taal

Taal

ja / nee

ja / nee

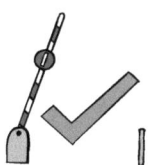

oké

oké

Hallo!

hallo

tolk

vertaler

Bedankt.

bedankt

Wat kost ...?

Hoeveel kost ...?

Ik begrijp het niet.

Ik begrijp het niet

probleem

probleem

Goedenavond!

Goedenavond!

Goedemorgen!

Goedemorgen!

Goedenacht!

Goedenavond!

Tot ziens!

Tot ziens

richting

richting

bagage

bagage

tas

zak

rugzak

rugzak

gast

gast

kamer

kamer

slaapzak

slaapzak

tent

tent

VVV-kantoor
toeristeninformatie

strand
strand

creditkaart
kredietkaart

ontbijt
ontbijt

lunch
lunch

diner
avondeten

kaartje
ticket

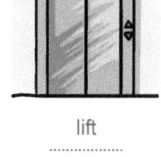

lift
lift

postzegel
postzegel

grens
grens

douane
douane

ambassade
ambassade

visum
visum

paspoort
paspoort

transport
transport

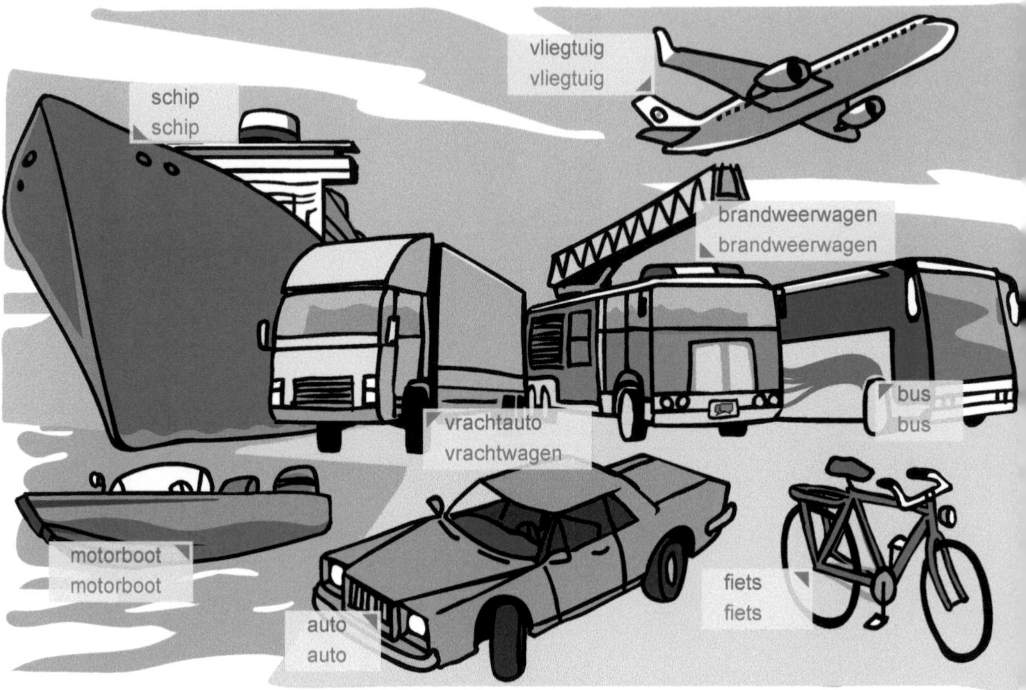
vliegtuig
vliegtuig
schip
schip
brandweerwagen
brandweerwagen
bus
bus
vrachtauto
vrachtwagen
motorboot
motorboot
fiets
fiets
auto
auto

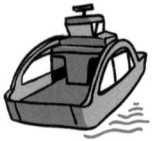

veerboot
....
veerboot

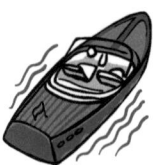

boot
....
boot

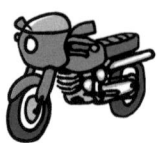

motorfiets
....
motor

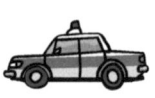

politiewagen
....
politiewagen

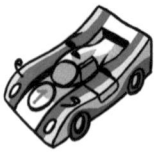

raceauto
....
racewagen

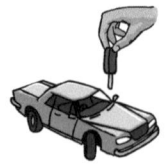

huurauto
....
huurauto

carsharing

carpoolen

takelwagen

sleepwagen

vuilniswagen

vuilniswagen

motor

motor

benzine

benzine

benzinepomp

benzinestation

verkeersbord

verkeersbord

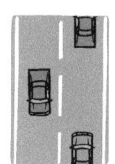

verkeer

verkeer

file

file

parkeerplaats

parkeerplaats

station

station

rails

sporen

trein

trein

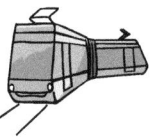

tram

tram

wagon

wagon

helikopter

helikopter

luchthaven

luchthaven

toren

toren

passagier

passagier

container

container

verhuisdoos

karton

kar

kar

mand

mand

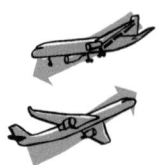

opstijgen / landen

opstijgen / landen

stad

stad

dorp

dorp

stadscentrum

stadscentrum

huis

huis

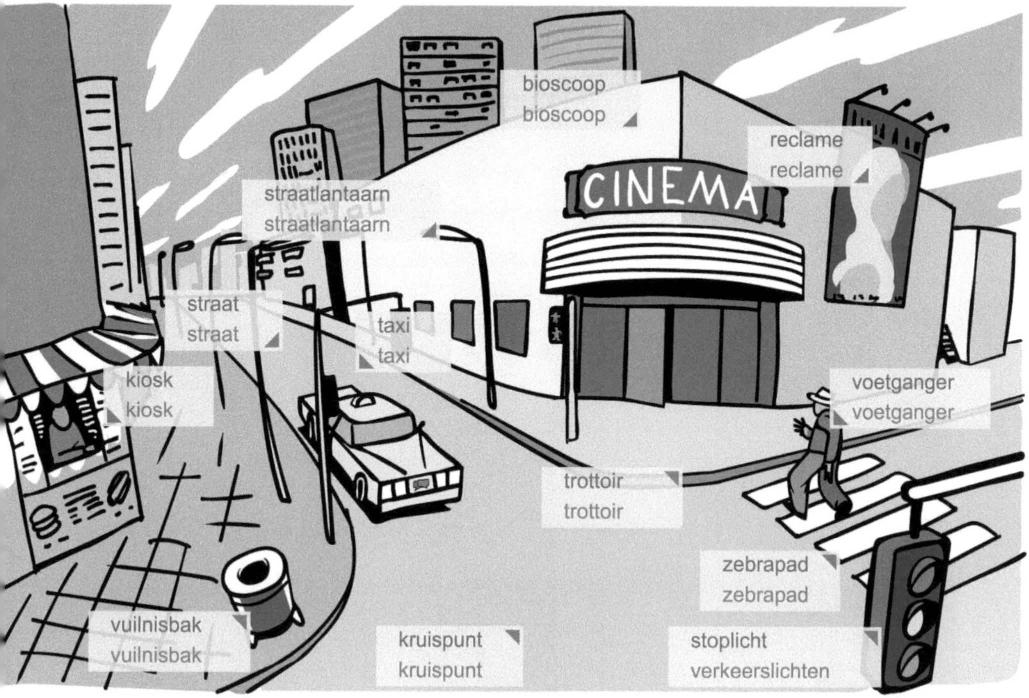

bioscoop
bioscoop

reclame
reclame

straatlantaarn
straatlantaarn

CINEMA

straat
straat

taxi
taxi

kiosk
kiosk

voetganger
voetganger

trottoir
trottoir

zebrapad
zebrapad

vuilnisbak
vuilnisbak

kruispunt
kruispunt

stoplicht
verkeerslichten

hut

hut

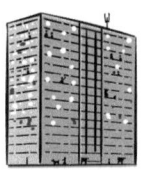

appartement

woning

station

station

stadhuis

stadshuis

museum

museum

school

school

universiteit

universiteit

bank

bank

ziekenhuis

ziekenhuis

hotel

hotel

apotheek

apotheek

kantoor

kantoor

boekenwinkel

boekwinkel

winkel

winkel

bloemenwinkel

bloemenwinkel

supermarkt

supermarkt

markt

markt

warenhuis

warenhuis

visboer

vishandelaar

winkelcentrum

winkelcentrum

haven

haven

park
park

bank
bank

brug
brug

trap
trap

metro
metro

tunnel
tunnel

bushalte
bushalte

bar
bar

restaurant
restaurant

brievenbus
brievenbus

straatnaambord
straatnaambord

parkeermeter
parkeermeter

dierentuin
zoo

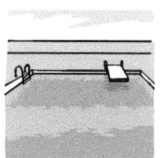

zwembad
zwembad

moskee
moskee

boerderij
....
boerderij

vervuiling
....
milieuverontreiniging

begraafplaats
....
kerkhof

kerk
....
kerk

speelplaats
....
speelplaats

tempel
....
tempel

landschap
landschap

blad
blad

wegwijzer
wegwijzer

weg
weg

weide
weide

steen
steen

boom
boom

wandelaar
wandelaar

rivier
rivier

gras
gras

bloem
bloem

vallei

vallei

berg

heuvel

meer

meer

bos

bos

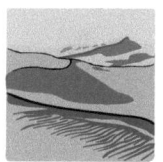

woestijn

woestijn

vulkaan

vulkaan

kasteel

kasteel

regenboog

regenboog

paddenstoel

paddenstoel

palmboom

palmboom

mug

mug

vlieg

vlieg

mier

mier

bij

bijl

spin

spin

kever

kever

kikker

kikker

eekhoorn

eekhoorn

egel

egel

haas

haas

uil

uil

vogel

vogel

zwaan

zwaan

wild zwijn

wild zwijn

hert

hert

eland

eland

stuwdam

dam

windmolen

windturbine

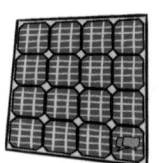

zonnepaneel

zonnepaneel

klimaat

klimaat

restaurant

restaurant

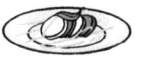

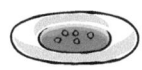

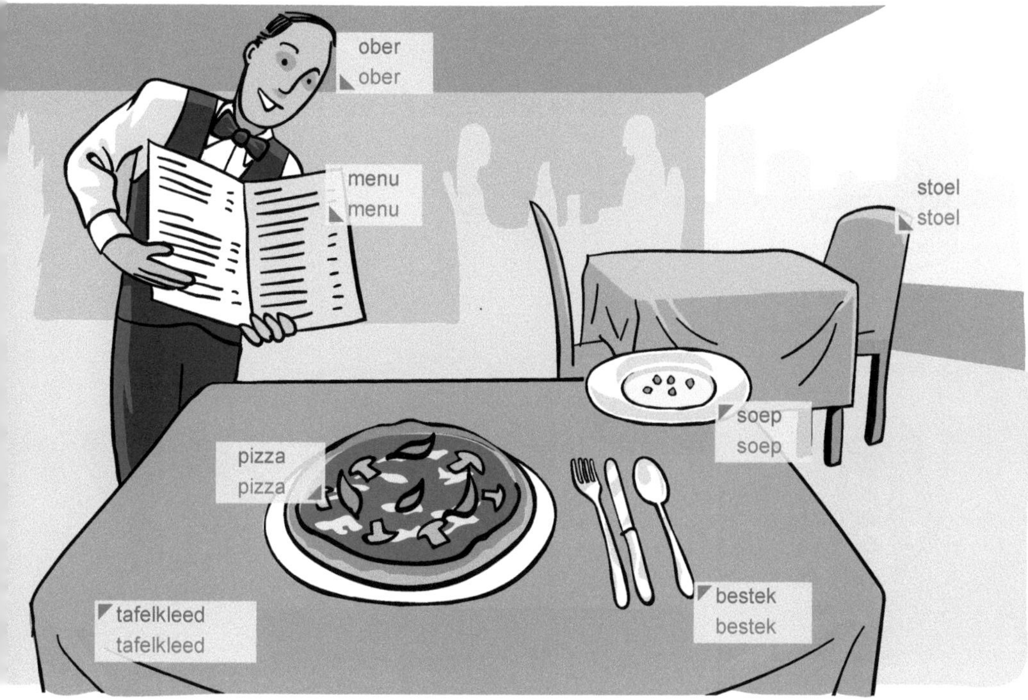
ober
ober
menu
menu
stoel
stoel
soep
soep
pizza
pizza
bestek
bestek
tafelkleed
tafelkleed

voorgerecht

voorgerecht

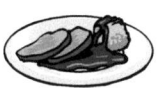

hoofdgerecht

hoofdgerecht

toetje

nagerecht

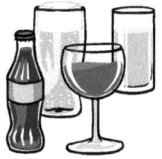

dranken

drankjes

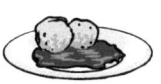

eten

eten

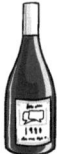

fles

fles

fastfood

fastfood

eetkraampje

street food

theepot

theepot

suikerpot

suikerpot

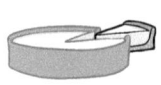

portie

portie

espressomachine

espressomachine

kinderstoel

kinderstoel

rekening

rekening

dienblad

dienblad

mes

mes

vork

vork

lepel

lepel

theelepel

theelepel

servet

serviette

glas

glas

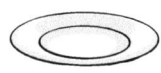

bord
bord

soepbord
soepbord

schotel
schoteltje

saus
saus

zoutvaatje
zoutvatje

pepermolen
pepermolen

azijn
azijn

olie
olie

kruiden
kruiden

ketchup
ketchup

mosterd
mosterd

mayonaise
mayonaise

supermarkt
supermarkt

aanbieding
aanbieding
FOR
klant
klant
zuivelproducten
zuivelproducten
fruit
fruit
winkelwagen
winkelwagen

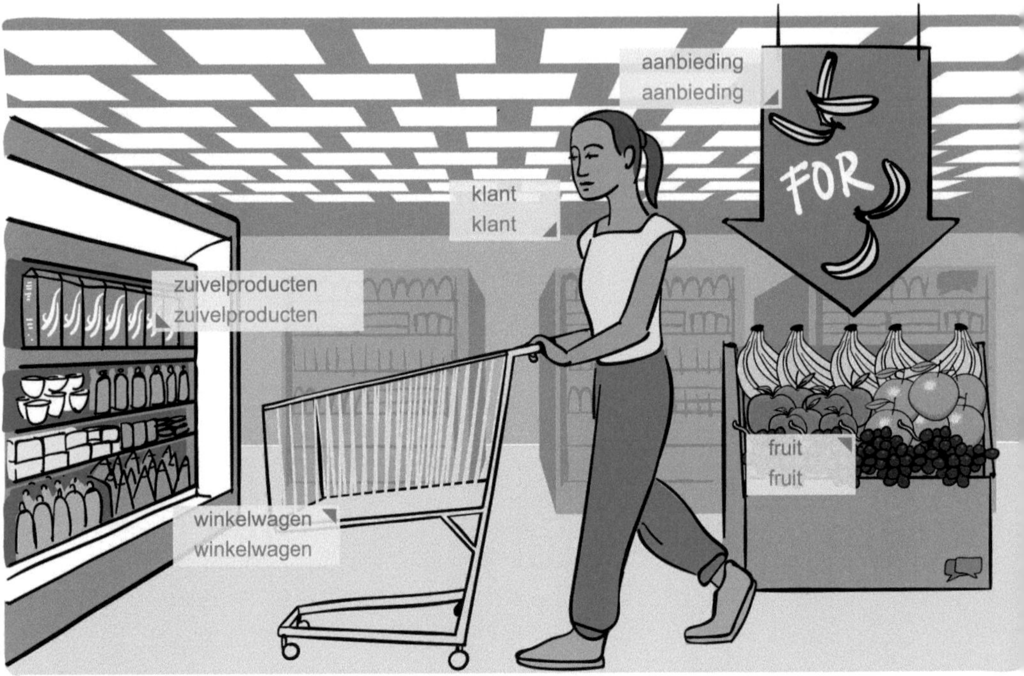

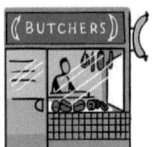

BUTCHERS
slager
slagerij

BAKERY
bakkerij
bakkerij

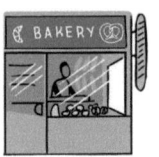

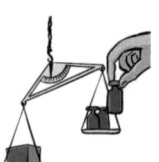

wegen
wegen

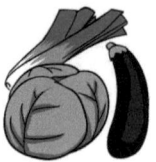

groente
groenten

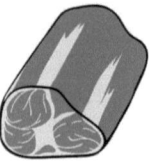

vlees
vlees

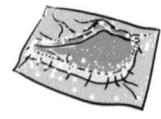

diepvriesproducten
diepvriesvoedsel

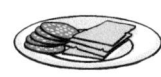

vleeswaren

charcuterie

conserven

conserven

wasmiddel

waspoeder

snoepgoed

snoep

huishoudelijke artikelen

huishoudproducten

schoonmaakmiddel

schoonmaakproducten

verkoopster

verkoopster

kassa

kassa

kassier

kassier

boodschappenlijstje

boodschappenlijstje

openingstijden

openingstijden

portefeuille

portefeuille

creditkaart

kredietkaart

tas

tas

plastic zak

plastieken zakje

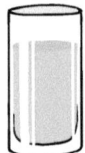

water
water

sap
sap

melk
melk

cola
cola

wijn
wijn

bier
bier

alcohol
alcohol

chocolademelk
cacao

thee
thee

koffie
koffie

espresso
espresso

cappuccino
cappuccino

banaan

banaan

appel

appel

sinaasappel

sinaasappel

watermeloen

meloen

citroen

citroen

wortel

wortel

knoflook

knoflook

bamboe

bamboe

ui

ajuin

paddenstoel

champignon

noten

noten

pasta

noodles

spaghetti

spaghetti

rijst

rijst

salade

salade

friet

frieten

gebakken aardappelen

gebakken aardappelen

pizza

pizza

hamburger

hamburger

sandwich

sandwich

schnitzel

kalfslapje

ham

ham

salami

salami

worst

worst

kip

kip

gebraad

braden

vis

vis

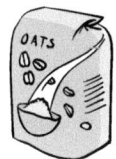

havermout

havervlokken

muesli

muesli

cornflakes

cornflakes

meel

bloem

croissant

croissant

broodjes

pistolet

brood

brood

toast

toast

koekjes

koekjes

boter

boter

kwark

kwark

taart

taart

ei

ei

gebakken ei

spiegelei

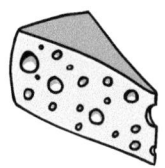

kaas

kaas

ijs
ijs

suiker
suiker

honing
honing

jam
confituur

chocoladepasta
choco

kerrie
curry

boerderij
boerderij

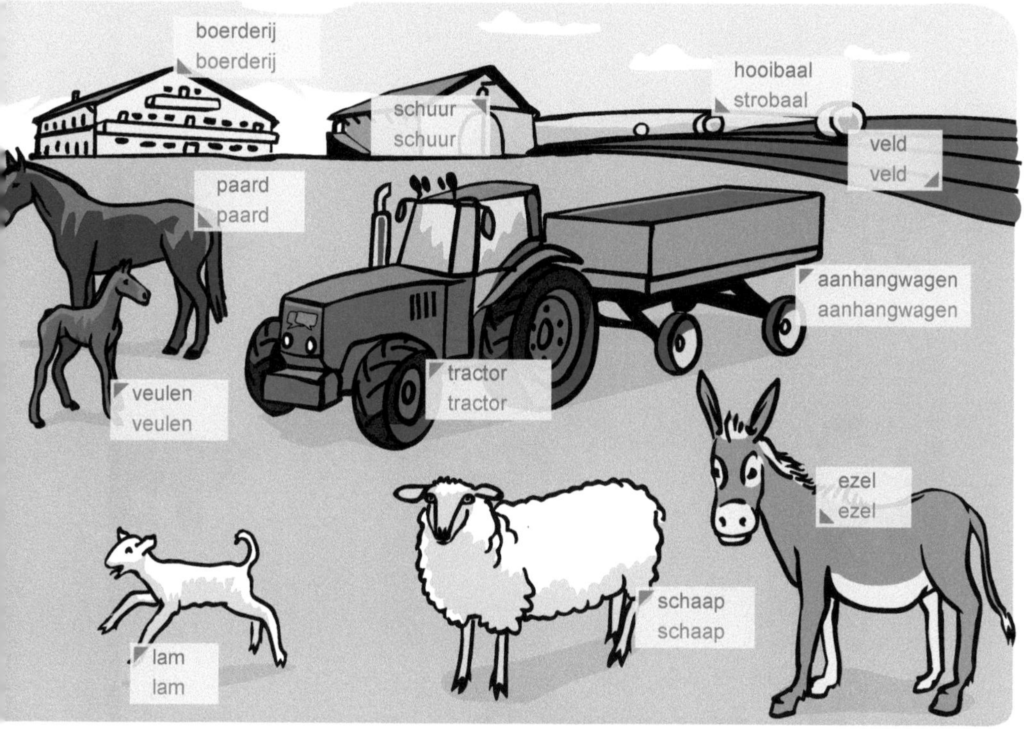
boerderij
boerderij
schuur
schuur
hooibaal
strobaal
veld
veld
paard
paard
aanhangwagen
aanhangwagen
veulen
veulen
tractor
tractor
ezel
ezel
schaap
schaap
lam
lam

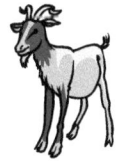

geit
geit

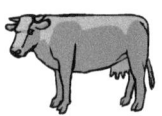

koe
koe

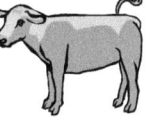

kalf
kalf

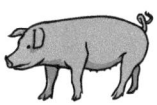

varken
varken

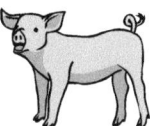

big
biggetje

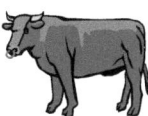

stier
stier

gans
gans

eend
eend

kuiken
kuiken

kip
kip

haan
haan

rat
rat

kat
kat

muis
muis

os
os

hond
hond

hondenhok
hondenhok

tuinslang
tuinslang

gieter
gieter

zeis
zeis

ploeg
ploeg

sikkel

sikkel

schoffel

schoffel

hooivork

hooivork

bijl

bijl

kruiwagen

kruiwagen

trog

trog

melkbus

melkkan

zak

zak

hek

hek

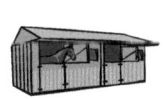

stal

stal

broeikas

broeikas

grond

bodem

zaad

zaad

mest

mest

maaidorser

maaidorser

oogsten
oogsten

oogst
oogst

yam
yam

tarwe
tarwe

soja
soja

aardappel
aardappel

maïs
maïs

koolzaad
koolzaad

fruitboom
fruitboom

maniok
maniok

granen
graan

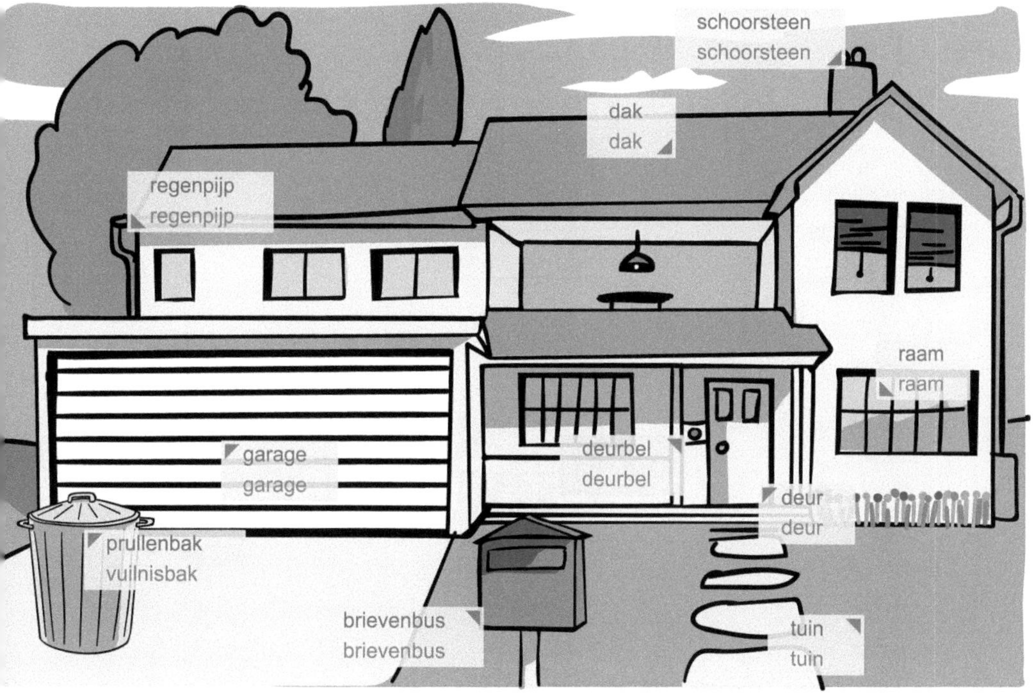

schoorsteen
schoorsteen

dak
dak

regenpijp
regenpijp

raam
raam

garage
garage

deurbel
deurbel

deur
deur

prullenbak
vuilnisbak

brievenbus
brievenbus

tuin
tuin

woonkamer
woonkamer

badkamer
badkamer

keuken
keuken

slaapkamer
slaapkamer

kinderkamer
kinderkamer

eetkamer
eetkamer

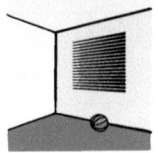

vloer
....
vloer

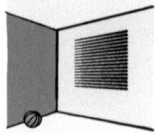

muur
....
muur

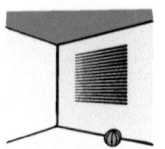

plafond
....
plafond

kelder
....
kelder

sauna
....
sauna

balkon
....
balkon

terras
....
terras

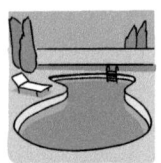

zwembad
....
zwembad

grasmaaier
....
grasmaaier

laken
....
dekbedovertrek

bedsprei
....
dekbed

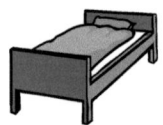

bed
....
bed

bezem
....
bezem

emmer
....
emmer

schakelaar
....
schakelaar

woonkamer

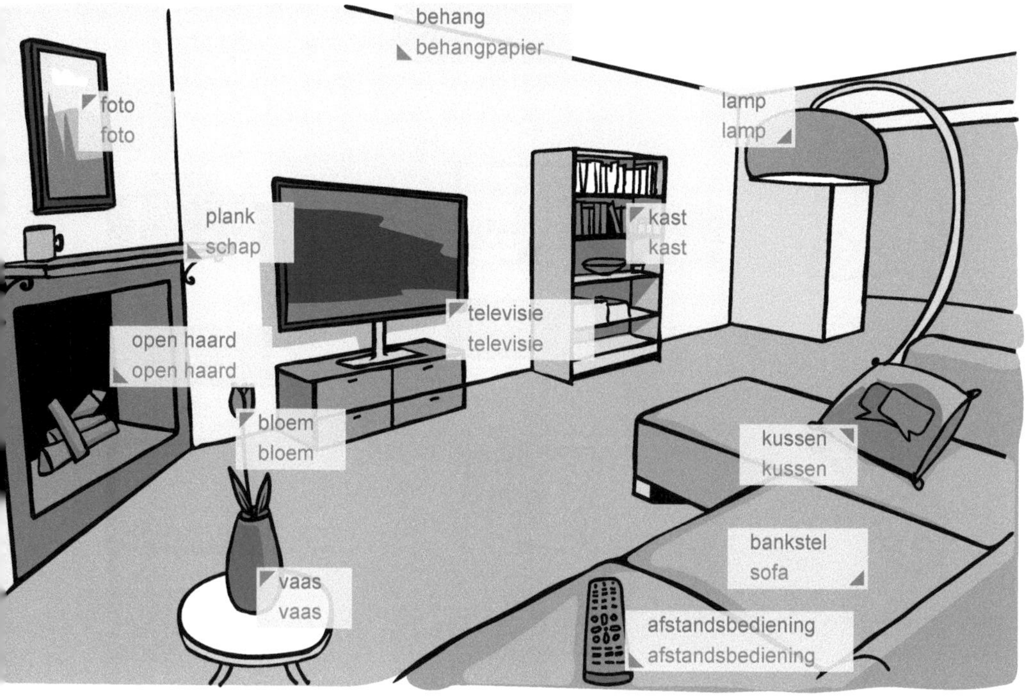
behang
behangpapier
foto
foto
lamp
lamp
plank
schap
kast
kast
televisie
televisie
open haard
open haard
bloem
bloem
kussen
kussen
bankstel
sofa
vaas
vaas
afstandsbediening
afstandsbediening

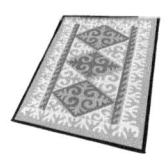

tapijt

mat

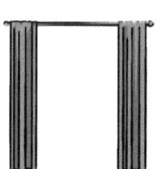

gordijn

gordijn

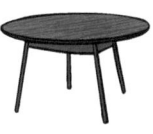

tafel

tafel

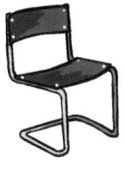

stoel

stoel

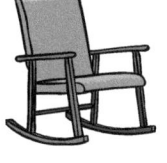

schommelstoel

schommelstoel

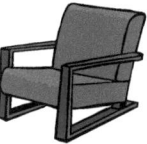

stoel

fauteuil

boek

boek

deken

deken

decoratie

decoratie

brandhout

brandhout

film

film

stereo-installatie

stereo-installatie

sleutel

sleutel

krant

krant

schilderij

schilderij

poster

poster

radio

radio

kladblok

notitieboekje

stofzuiger

stofzuiger

cactus

cactus

kaars

kaars

keuken
keuken

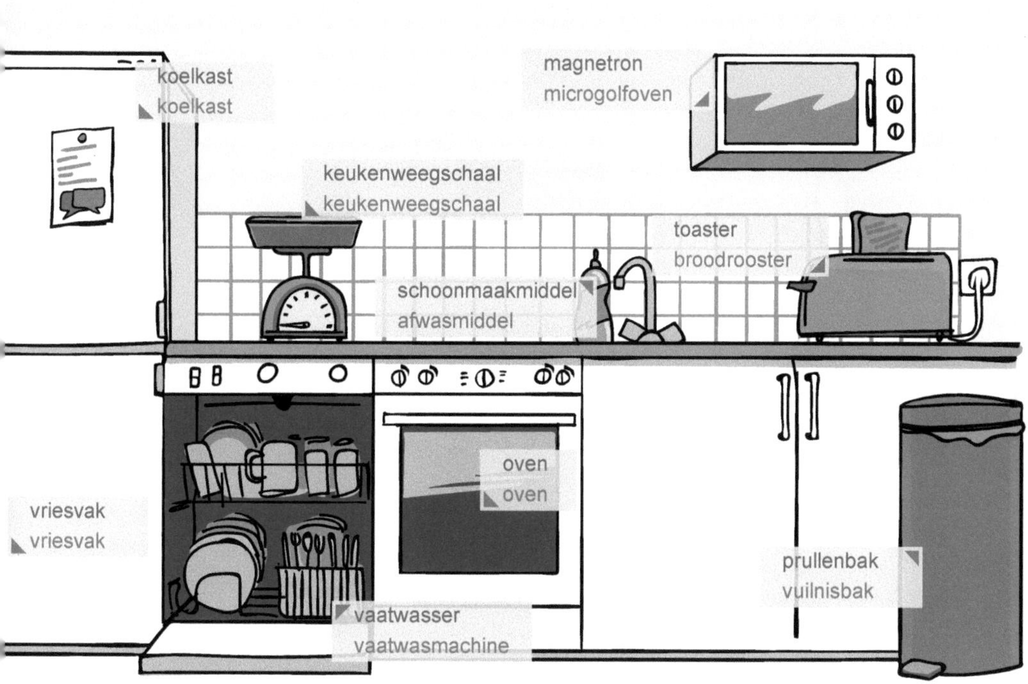

koelkast
koelkast
magnetron
microgolfoven
keukenweegschaal
keukenweegschaal
toaster
broodrooster
schoonmaakmiddel
afwasmiddel
oven
oven
vriesvak
vriesvak
prullenbak
vuilnisbak
vaatwasser
vaatwasmachine

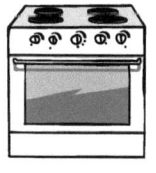

fornuis
fornuis

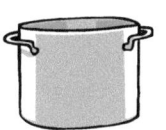

pan
pot

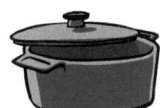

gietijzeren pan
gietijzeren pot

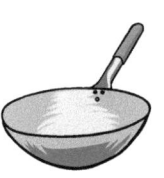

wok / kadai
wok / kadai

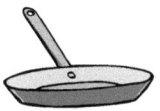

koekenpan
pan

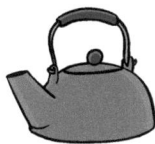

ketel
waterkoker

stoomkoker

stoomkoker

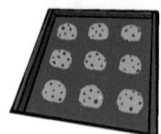

bakplaat

bakplaat

servies

servies

beker

mok

kom

kom

eetstokjes

eetstokjes

soeplepel

pollepel

spatel

spatel

garde

garde

vergiet

vergiet

zeef

zeef

rasp

rasp

vijzel

mortier

barbecue

barbecue

vuurhaard

haardvuur

snijplank

snijplank

deegroller

deegrol

kurkentrekker

kurkentrekker

blik

blik

blikopener

blikopener

pannenlap

pannenlap

wasbak

gootsteen

borstel

borstel

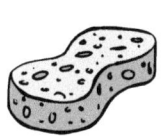

spons

spons

blender

blender

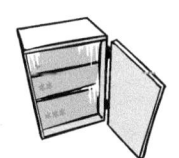

vriezer

vriezer

babyflesje

papfles

kraan

kraan

badkamer
badkamer

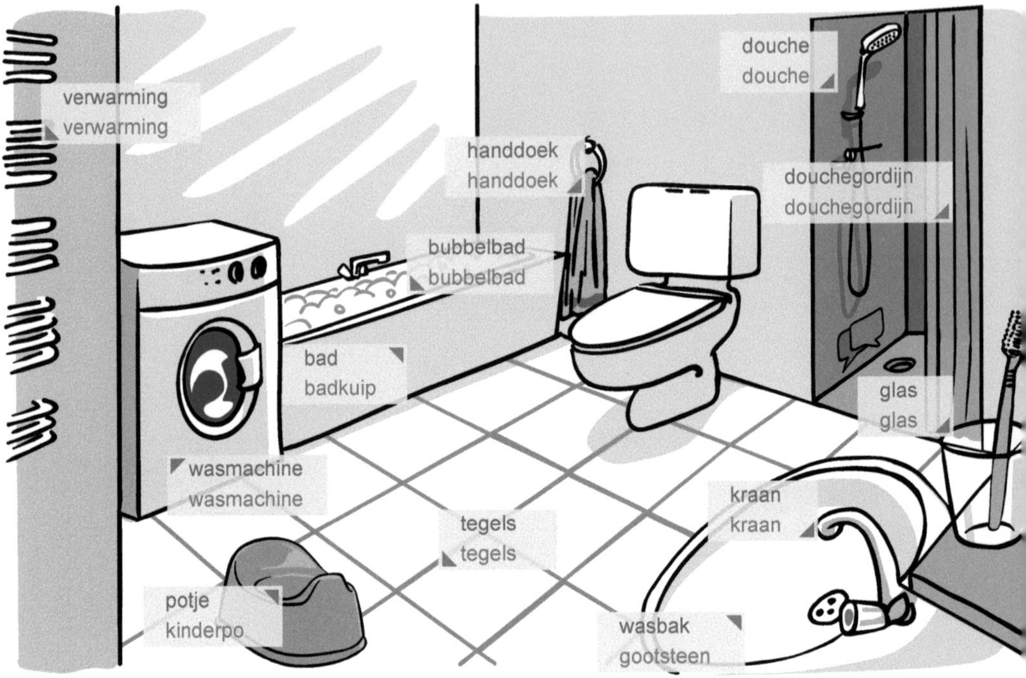

verwarming
verwarming
handdoek
handdoek
douche
douche
douchegordijn
douchegordijn
bubbelbad
bubbelbad
bad
badkuip
glas
glas
wasmachine
wasmachine
kraan
kraan
tegels
tegels
potje
kinderpo
wasbak
gootsteen

toilet

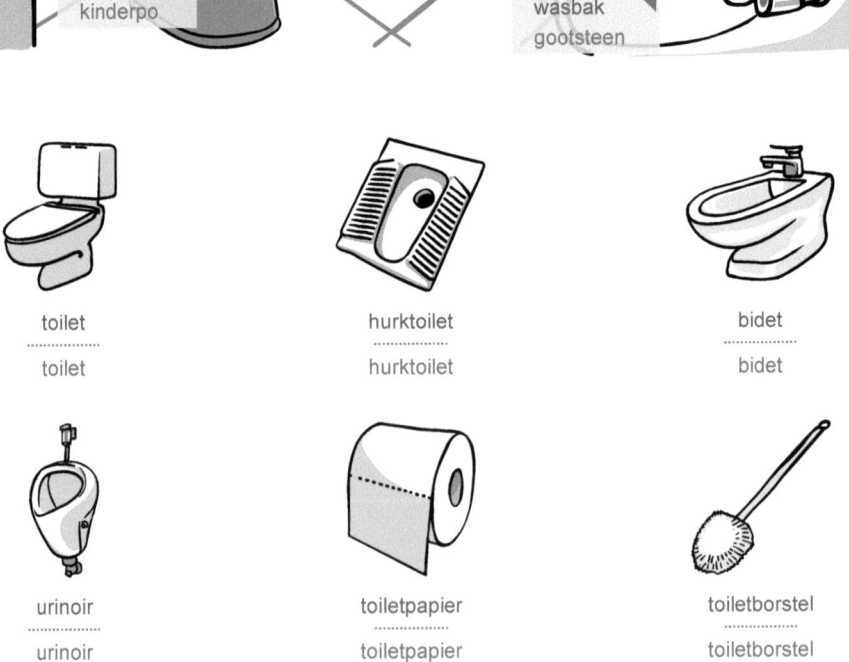

toilet

hurktoilet

hurktoilet

bidet

bidet

urinoir

urinoir

toiletpapier

toiletpapier

toiletborstel

toiletborstel

tandenborstel

tandenborstel

tandpasta

tandpasta

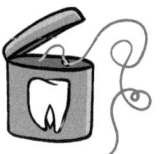

flosdraad

flosdraad

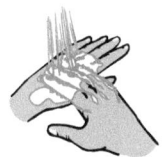

wassen

wassen

handdouche

handdouche

toiletdouche

bidethanddouche

waskom

waskom

rugborstel

rugborstel

zeep

zeep

douchegel

douchegel

shampoo

shampoo

washanje

washandje

afvoer

afvoer

creme

crème

deodorant

deodorant

spiegel

spiegel

make-upspiegel

handspiegel

scheermes

scheermes

scheerschuim

scheerschuim

aftershave

aftershave

kam

kam

borstel

borstel

haardroger

haardroger

haarspray

haarlak

make-up

make-up

lippenstift

lippenstift

nagellak

nagellak

watten

watten

nagelschaartje

nagelknipper

parfum

parfum

toilettas

toilettas

kruk

kruk

weegschaal

weegschaal

badjas

badjas

rubber handschoenen

latex handschoenen

tampon

tampon

maandverband

maandverband

chemisch toilet

chemisch toilet

kinderkamer

kinderkamer

wekker
wekker
knuffeldier
knuffel
speelgoedauto
speelgoedauto
rammelaar
rammelaar
poppenhuis
poppenhuis
cadeau
geschenk

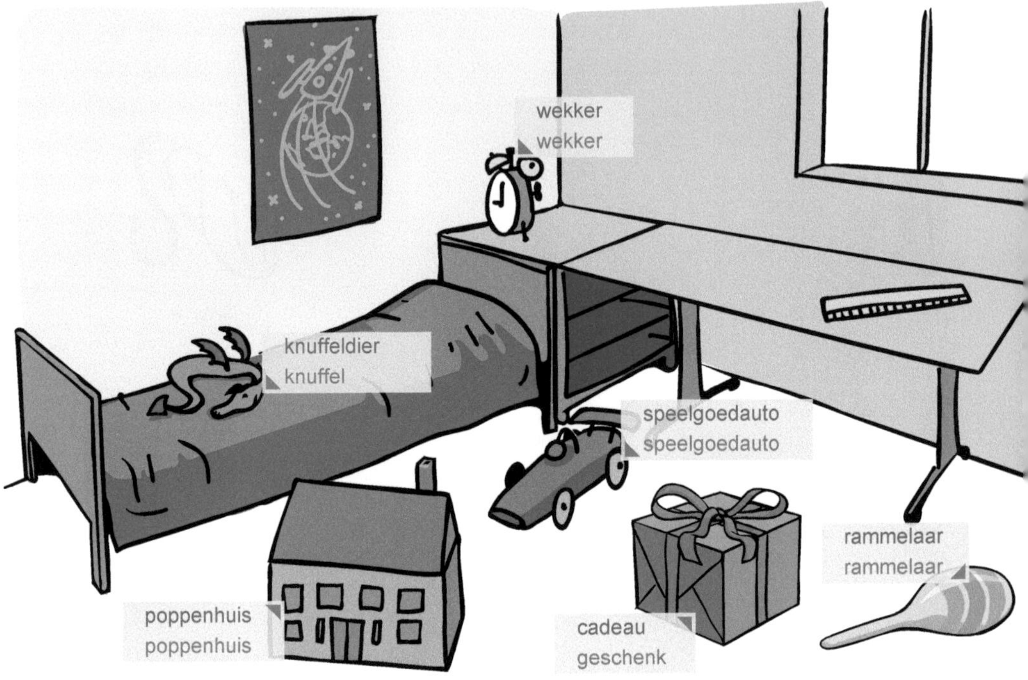

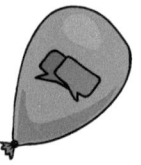

ballon
ballon

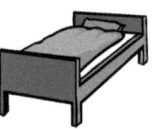

bed
bed

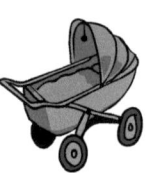

kinderwagen
kinderwagen

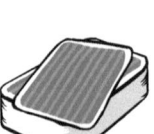

kaartspel
spel kaarten

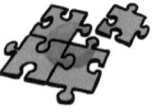

puzzel
puzzel

stripverhaal
stripboek

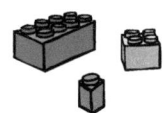

legostenen

legoblokjes

speelgoedblokken

blokken

actiefiguurtje

actiefiguur

romper

kruippakje

frisbee

frisbee

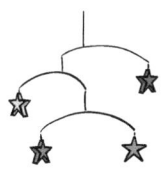

mobile

mobiel

bordspel

bordspel

dobbelsteen

dobbelsteen

modeltrein

modelspoorweg

speen

fopspeen

feestje

feest

prentenboek

prentenboek

bal

bal

pop

pop

spelen

spelen

zandbak

zandbak

schommel

schommel

speelgoed

speelgoed

spelcomputer

spelconsole

driewieler

driewieler

teddybeer

knuffelbeer

kleerkast

kleerkast

kleding

kleding

sokken

sokken

kousen

kousen

panty

maillot

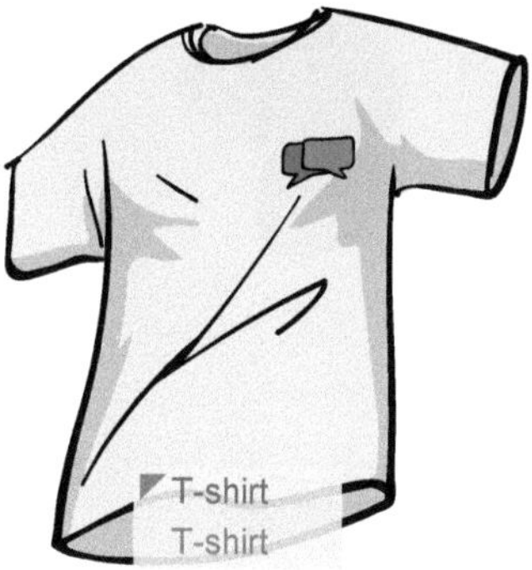

sjaal
sjaal

riem
riem

paraplu
paraplu

T-shirt
T-shirt

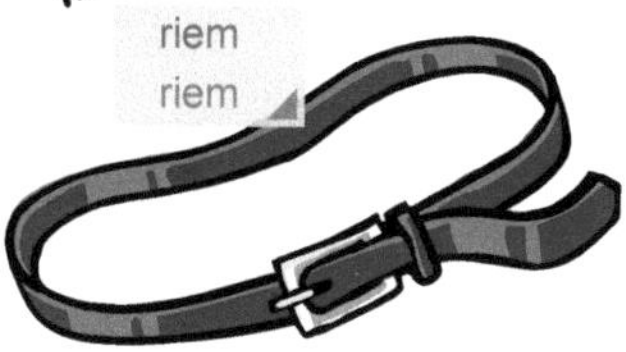

laarzen
laarzen

pantoffels
slippers

sportschoenen
sneakers

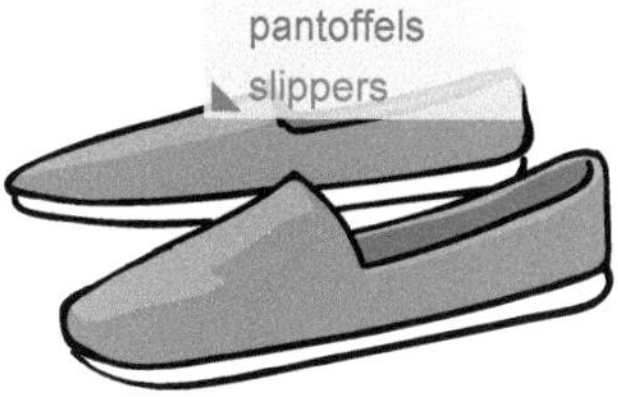

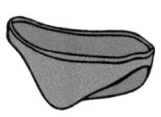
sandalen
sandalen

schoenen
schoenen

rubberlaarzen
rubberlaarzen

onderbroek
onderbroek

beha
beha

onderhemd
onderhemd

body

lichaam

broek

broek

spijkerbroek

jeans

rok

rok

blouse

blouse

overhemd

hemd

trui

trui

hoody

capuchontrui

blazer

blazer

jas

jas

mantel

jas

regenjas

regenjas

kostuum

kostuum

jurk

jurk

trouwjurk

trouwjurk

pak
....
pak

nachthemd
....
nachthemd

pyjama
....
pyjama

sari
....
sari

hoofddoek
....
hoofddoek

tulband
....
tulband

boerka
....
boerka

kaftan
....
kaftan

abaja
....
abaya

zwempak
....
badpak

zwembroek
....
zwembroek

korte broek
....
short

trainingspak
....
trainingspak

schort
....
schort

handschoenen
....
handschoenen

knoop
knoop

bril
bril

armband
armband

ketting
ketting

ring
ring

oorbel
oorbel

pet
pet

kledinghanger
kapstok

hoed
hoed

stropdas
das

rits
rits

helm
helm

bretels
bretellen

schooluniform
schooluniform

uniform
uniform

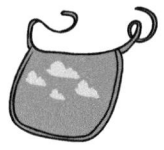

slabbetje

slabbetje

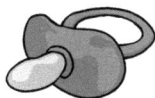

speen

fopspeen

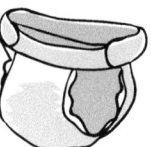

luier

luier

kantoor

kantoor

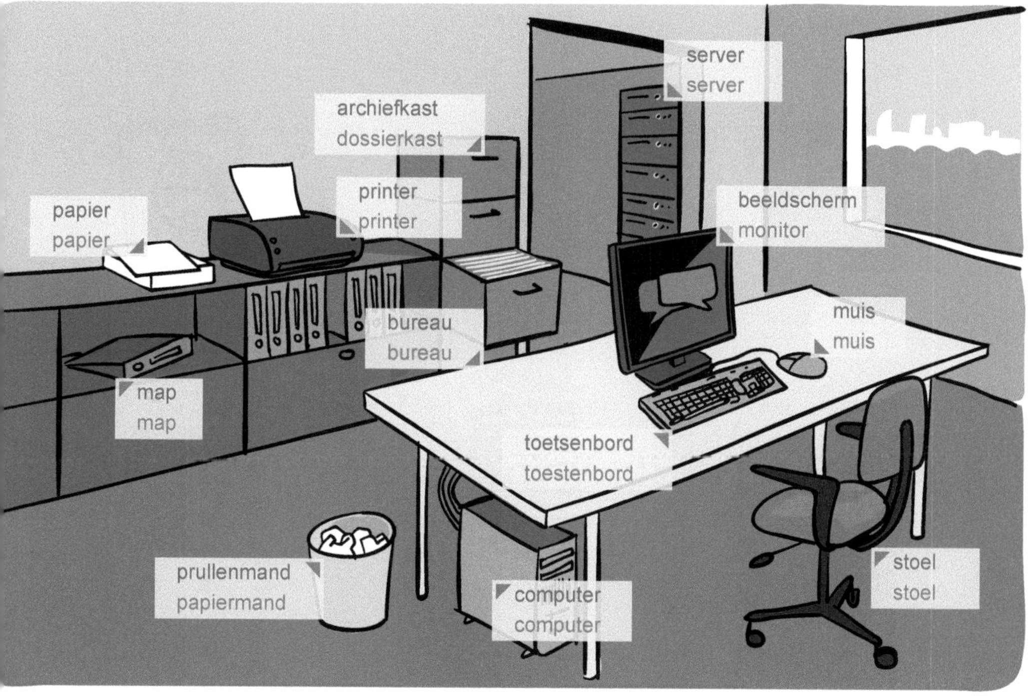
server
server
archiefkast
dossierkast
printer
printer
papier
papier
beeldscherm
monitor
bureau
bureau
muis
muis
map
map
toetsenbord
toestenbord
prullenmand
papiermand
computer
computer
stoel
stoel

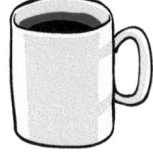

koffiemok

koffiemok

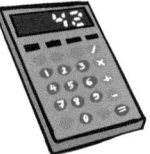

rekenmachine

rekenmachine

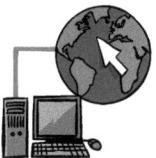

internet

internet

laptop

laptop

brief

brief

bericht

bericht

mobiele telefoon

gsm

netwerk

netwerk

kopieermachine

kopieerapparaat

software

software

telefoon

telefoon

stopcontact

stopcontact

fax

fax

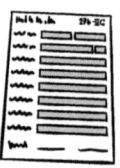

formulier

formulier

document

document

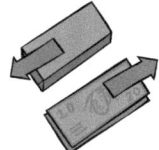

kopen

kopen

betalen

betalen

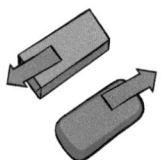

handel drijven

handelen

geld

geld

dollar

dollar

euro

euro

yen

yen

roebel

roebel

Zwitserse frank

Zwitserse frank

renminbi yuan

Chinese renminbi

roepie

roepie

geldautomaat

geldautomaat

wisselkantoor

wisselkantoor

goud

goud

zilver

zilver

olie

olie

energie

energie

prijs

prijs

contract

contract

belasting

belasting

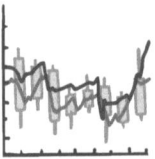

aandeel

aandeel

werken

werken

werknemer

werknemer

werkgever

werkgever

fabriek

fabriek

winkel

winkel

economie - economie

beroepen
beroepen

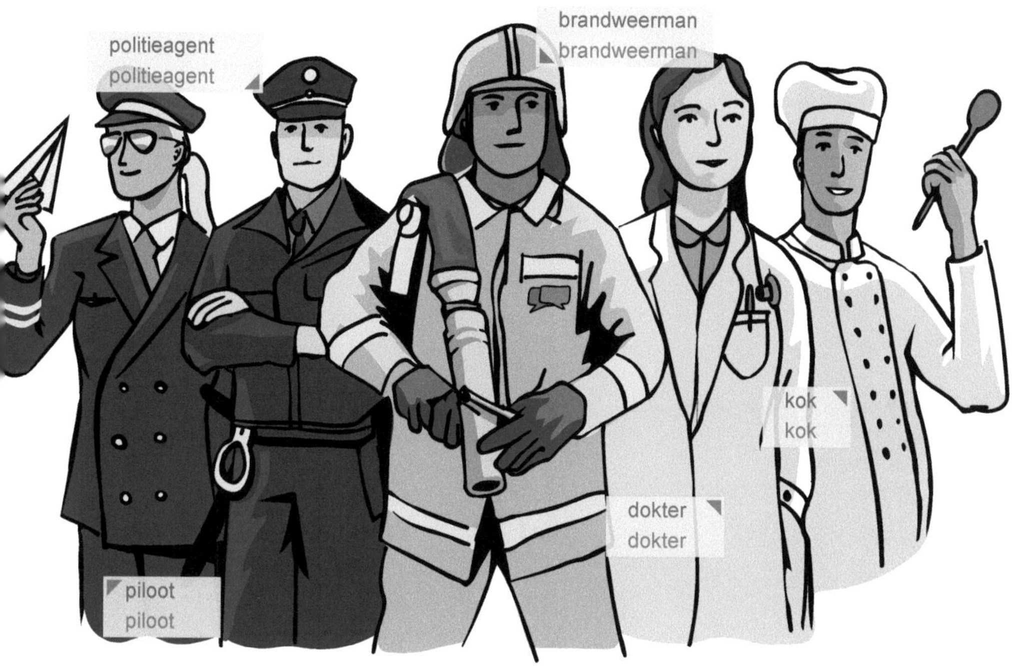
politieagent
politieagent
brandweerman
brandweerman
kok
kok
dokter
dokter
piloot
piloot

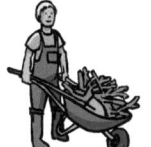

tuinman
tuinman

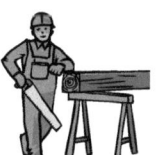

timmerman
timmerman

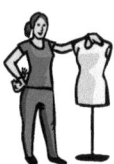

naaister
naaister

rechter
rechter

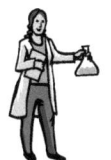

scheikundige
chemicus

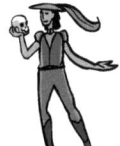

toneelspeler
acteur

buschauffeur

buschauffeur

taxichauffeur

taxichauffeur

visser

visser

schoonmaakster

schoonmaakster

dakdekker

dakdekker

ober

ober

jager

jager

schilder

schilder

bakker

bakker

elektricien

elektricien

bouwvakker

bouwvakker

ingenieur

ingenieur

slager

slager

loodgieter

loodgieter

postbode

postbode

soldaat

soldaat

architect

architect

kassier

kassier

bloemist

bloemist

kapper

kapper

conducteur

conducteur

monteur

mecanicien

kapitein

kapitein

tandarts

tandarts

wetenschapper

wetenschapper

rabbi

rabbijn

imam

imam

monnik

monnik

pastoor

geestelijke

gereedschap
werktuigen

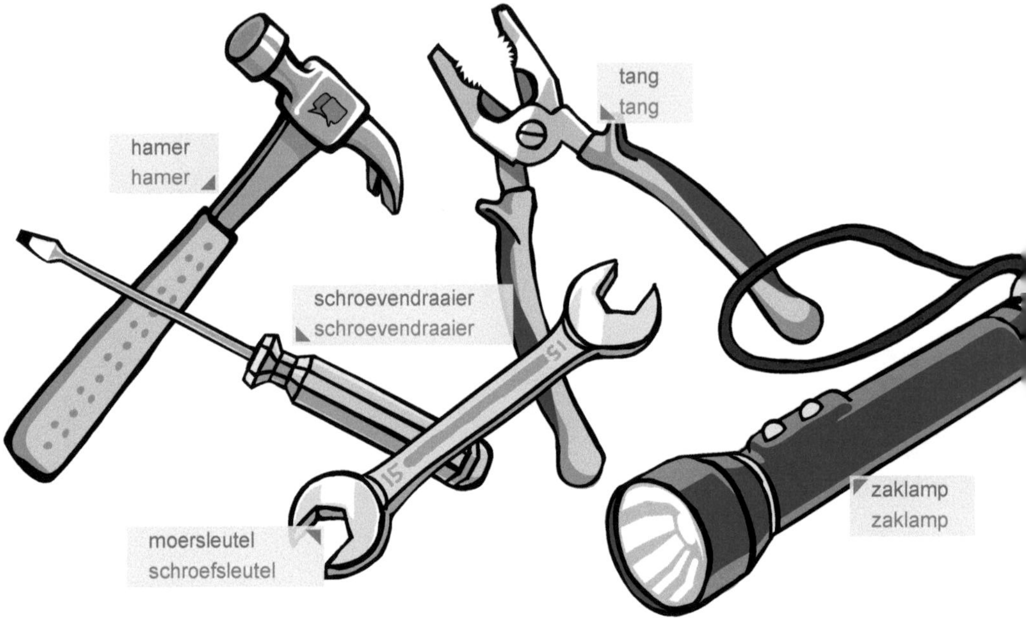
hamer
hamer
tang
tang
schroevendraaier
schroevendraaier
15
15
moersleutel
schroefsleutel
zaklamp
zaklamp

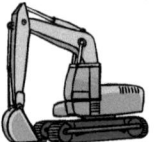

graafmachine

graafmachine

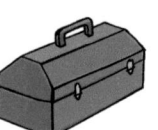

gereedschapskist

gereedschapskoffer

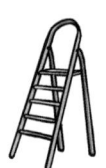

ladder

ladder

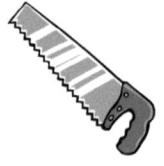

zaag

zaag

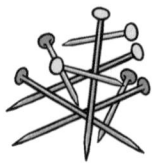

spijkers

spijkers

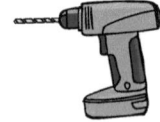

boor

boormachine

repareren
repareren

schep
schop

Verdorie!
Verdomme!

stofblik
blik

verfpot
verfpot

schroeven
schroeven

muziekinstrumenten
muziekinstrumenten

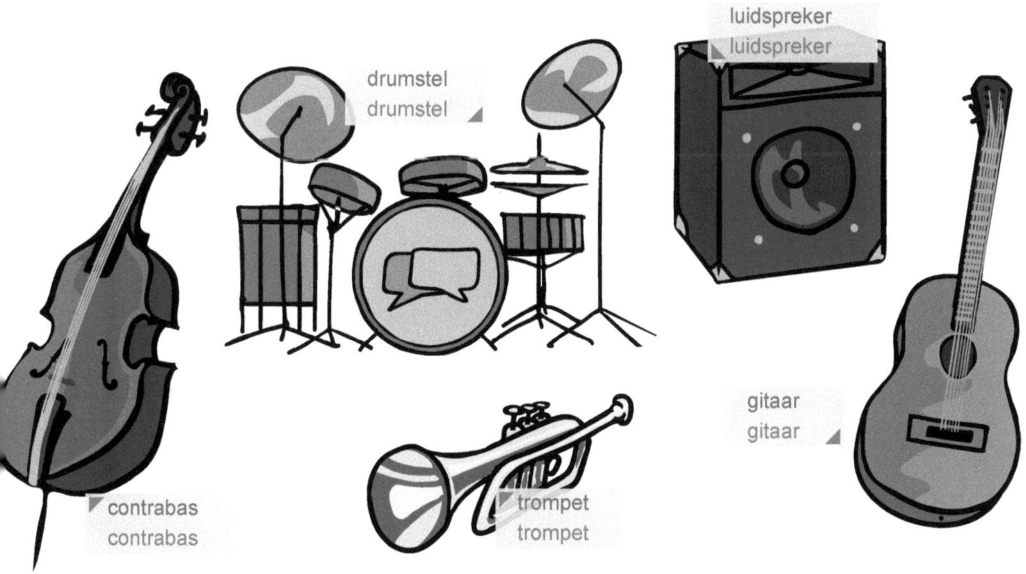

luidspreker
luidspreker

drumstel
drumstel

contrabas
contrabas

trompet
trompet

gitaar
gitaar

piano

piano

viool

viool

bas

basgitaar

pauk

pauk

trommel

trommels

keyboard

keyboard

saxofoon

saxofoon

fluit

fluit

microfoon

microfoon

dierentuin

zoo

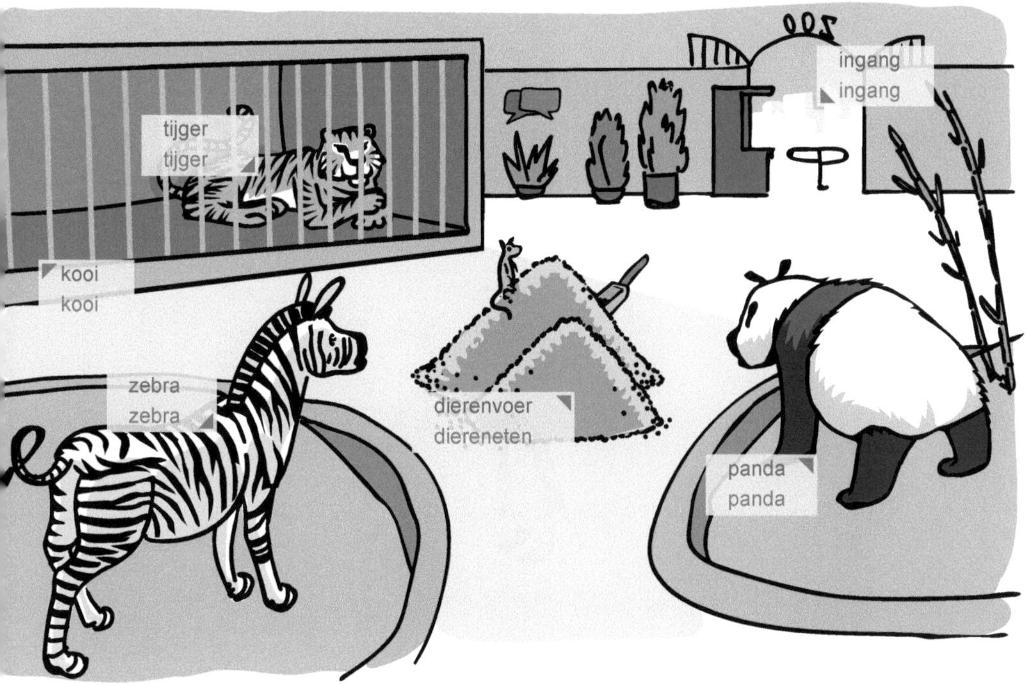

ingang
ingang
tijger
tijger
kooi
kooi
zebra
zebra
dierenvoer
diereneten
panda
panda

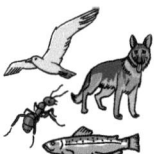

dieren
dieren

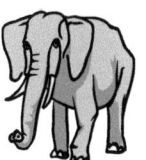

olifant
olifant

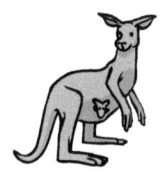

kangoeroe
kangoeroe

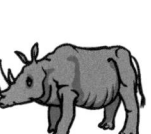

neushoorn
neushoorn

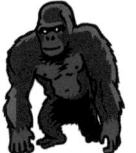

gorilla
gorilla

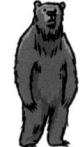

beer
beer

kameel

kameel

struisvogel

struisvogel

leeuw

leeuw

aap

aap

flamingo

flamingo

papegaai

papegaai

ijsbeer

ijsbeer

pinguïn

pinguïn

haai

haai

pauw

pauw

slang

slang

krokodil

krokodil

dierenverzorger

dierenverzorger

zeehond

zeehond

jaguar

jaguar

pony

pony

luipaard

luipaard

nijlpaard

nijlpaard

giraffe

giraffe

adelaar

adelaar

wild zwijn

wild zwijn

vis

vis

schildpad

zeeschildpad

walrus

walrus

vos

vos

gazelle

gazelle

American football
rugby

wielrennen
wielrennen

tennis
tennis

basketbal
basketbal

zwemmen
zwemmen

boksen
boksen

ijshockey
ijshockey

voetbal
voetbal

badminton
badminton

atletiek
atletiek

handbal
handbal

skiën
skiën

polo
polo

activiteiten

activiteiten

springen
springen
knuffelen
knuffelen
lachen
lachen
lopen
wandelen
zingen
zingen
dromen
dromen
bidden
bidden
kussen
kussen

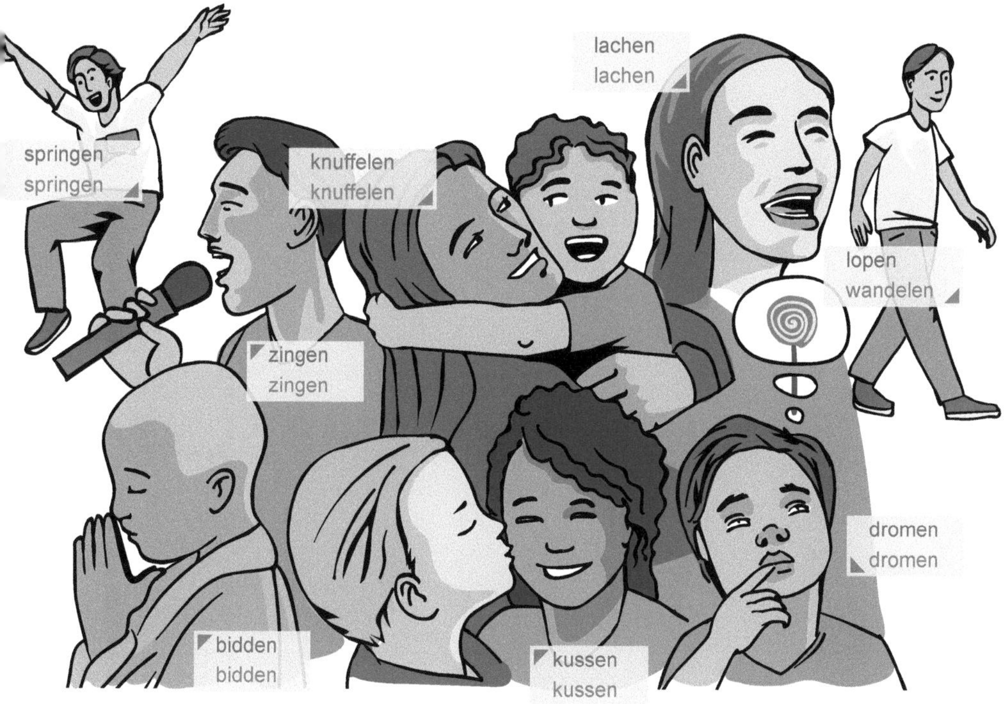

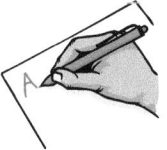

schrijven
schrijven

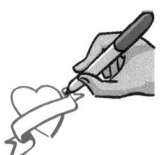

tekenen
tekenen

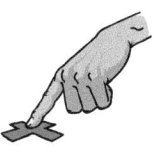

tonen
tonen

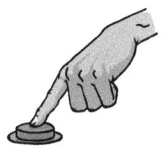

duwen
duwen

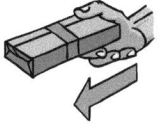

geven
geven

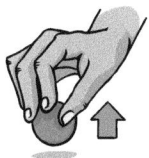

oppakken
nemen

hebben
hebben

doen
doen

zijn
zijn

staan
staan

rennen
lopen

trekken
trekken

gooien
gooien

vallen
vallen

liggen
liggen

wachten
wachten

dragen
dragen

zitten
zitten

aankleden
aankleden

slapen
slapen

wakker worden
ontwaken

bekijken

kijken naar

huilen

wenen

strelen

aaien

kammen

kammen

praten

praten

begrijpen

begrijpen

vragen

vragen

horen

luisteren

drinken

drinken

eten

eten

opruimen

opruimen

houden van

houden van

koken

koken

rijden

rijden

vliegen

vliegen

zeilen

zeilen

rekenen

rekenen

lezen

Lezen

leren

leren

werken

werken

trouwen

trouwen

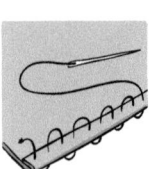

naaien

naaien

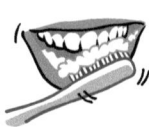

tandenpoetsen

tandenpoetsen

doden

doden

roken

roken

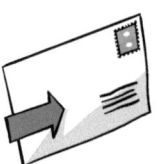

verzenden

sturen

familie
familie

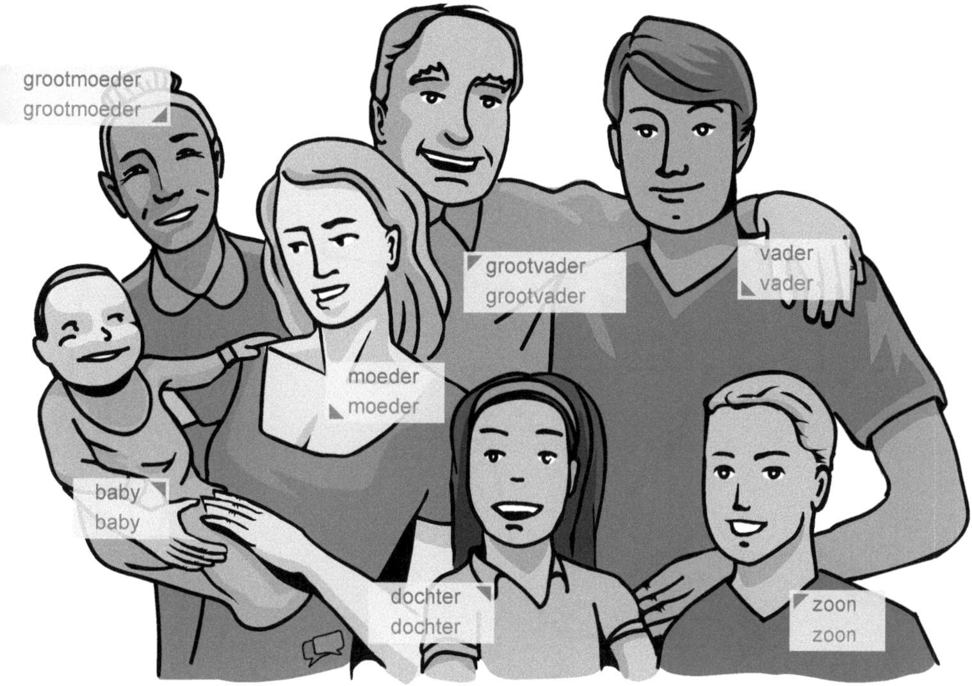
grootmoeder
grootmoeder
grootvader
grootvader
vader
vader
moeder
moeder
baby
baby
dochter
dochter
zoon
zoon

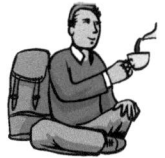

gast

gast

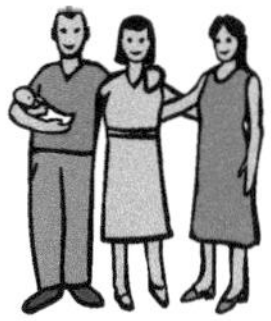

tante

tante

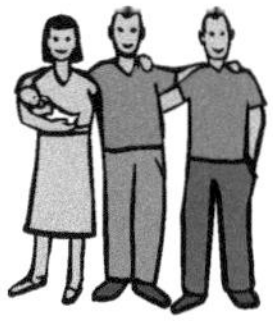

oom

oom

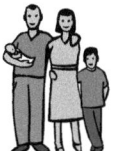

broer

broer

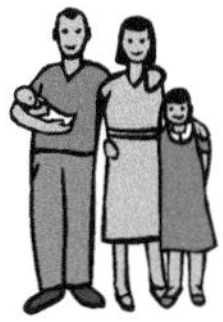

zus

zus

lichaam

lichaam

voorhoofd
voorhoofd
oog
oog
schouder
schouder
vinger
vinger
gezicht
gezicht
kin
kin
hand
hand
been
been
borst
borst
arm
arm

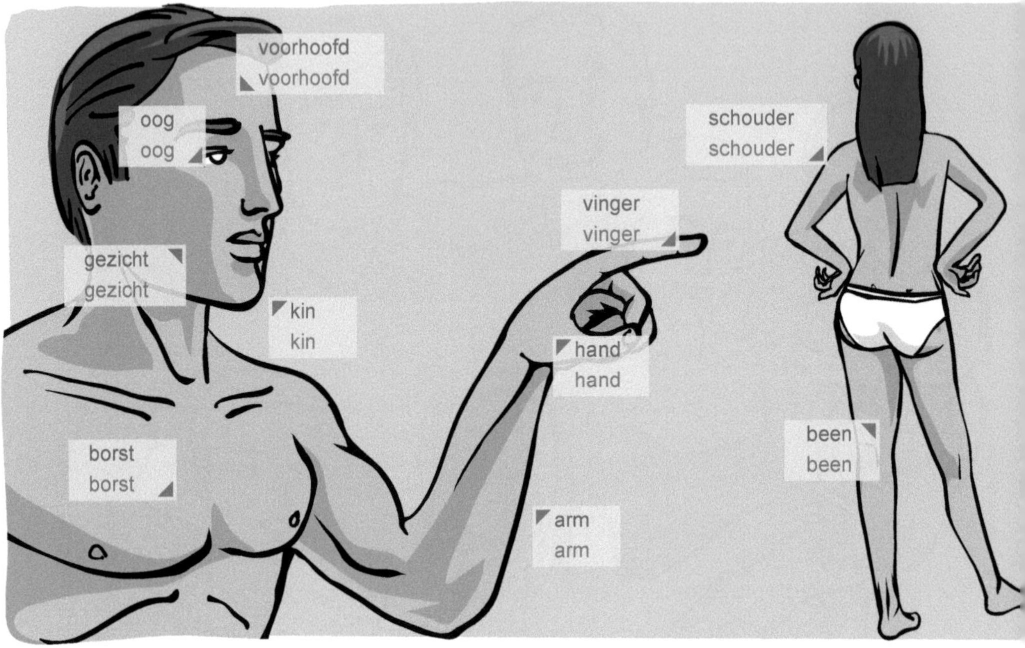

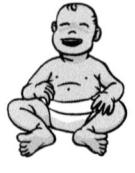

baby

baby

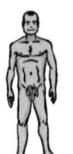

man

man

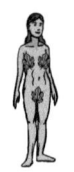

vrouw

vrouw

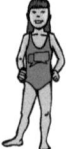

meisje

meisje

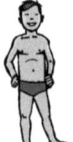

jongen

jongen

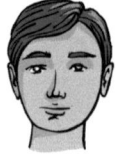

hoofd

hoofd

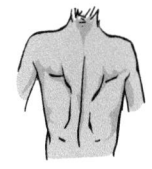

rug
rug

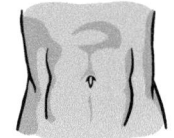

buik
buik

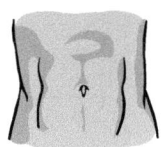

navel
navel

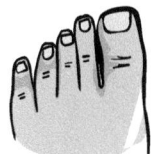

teen
teen

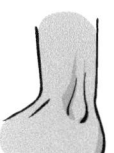

hiel
hiel

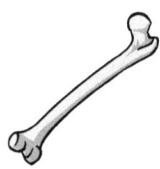

bot
bot

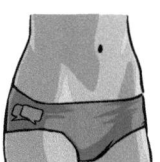

heup
heup

knie
knie

elleboog
elleboog

neus
neus

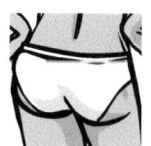

achterwerk
zitvlak

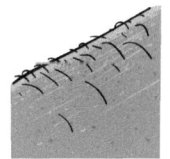

huid
huid

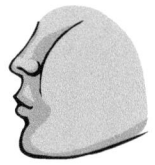

wang
wang

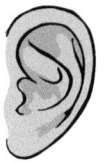

oor
oor

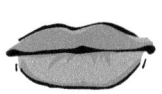

lippen
lip

mond

mond

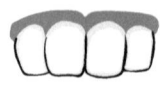

tand

tand

tong

tong

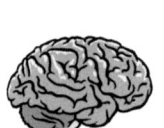

hersenen

hersenen

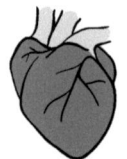

hart

hart

spier

spier

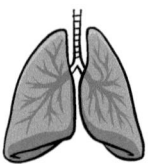

long

long

lever

lever

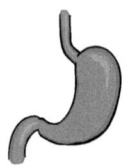

maag

maag

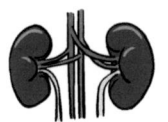

nieren

nieren

geslachtsgemeenschap

seks

condoom

condoom

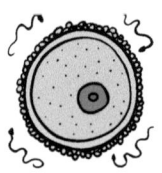

eicel

eicel

sperma

sperma

zwangerschap

zwangerschap

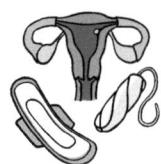

menstruatie

menstruatie

vagina

vagina

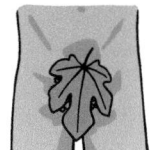

penis

penis

wenkbrauw

wenkbrauw

haar

haar

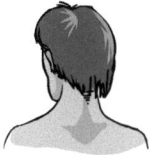

hals

nek

ziekenhuis
ziekenhuis

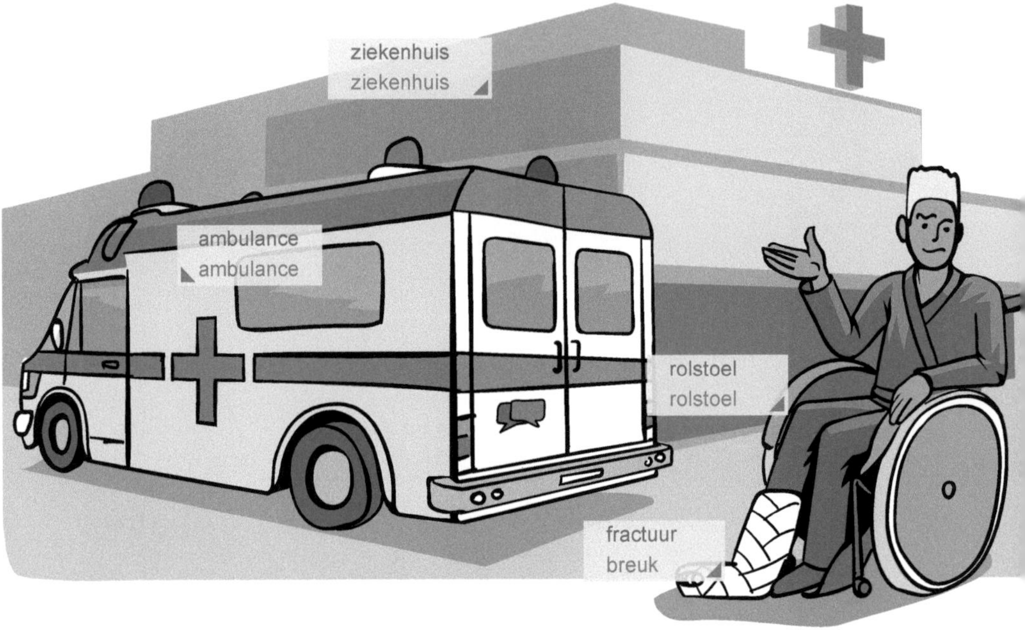

ziekenhuis
ziekenhuis
ambulance
ambulance
rolstoel
rolstoel
fractuur
breuk

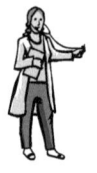

dokter
dokter

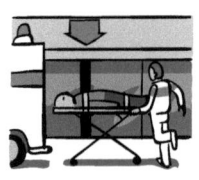

EHBO
spoed

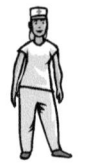

verpleegster
verpleegkundige

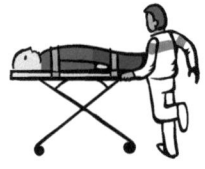

noodgeval
noodgeval

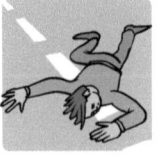

bewusteloos
bewusteloos

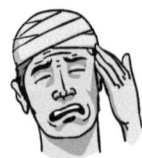

pijn
pijn

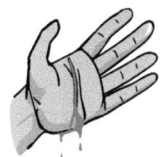

verwonding

verwonding

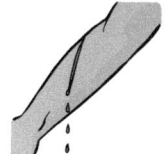

bloeding

bloeding

hartaanval

hartaanval

beroerte

beroerte

allergie

allergie

hoest

hoest

koorts

koorts

griep

griep

diarree

diarree

hoofdpijn

hoofdpijn

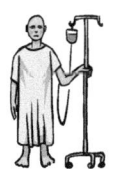

kanker

kanker

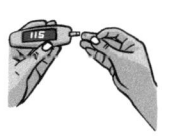

diabetes

diabetes

chirurg

chirurg

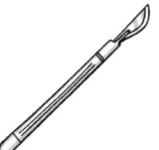

scalpel

scalpel

operatie

operatie

CT
CT

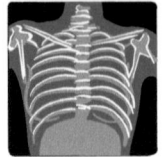

röntgen
röntgenstraal

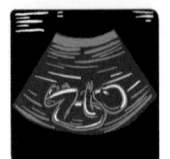

echografie
ultrageluid

gezichtsmasker
gezichtsmasker

ziekte
ziekte

wachtkamer
wachtkamer

kruk
kruk

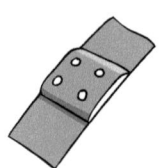

pleister
pleister

verband
verband

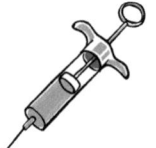

injectie
injectie

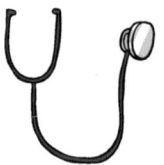

stethoscoop
stethoscoop

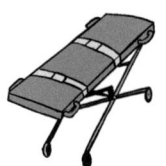

brancard
brancard

thermometer
thermometer

geboorte
geboorte

overgewicht
overgewicht

gehoorapparaat

hoorapparaat

ontsmettingsmiddel

ontsmettingsmiddel

infectie

infectie

virus

virus

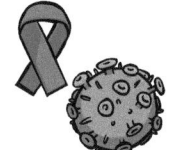

HIV / AIDS

HIV / AIDS

medicijn

medicijn

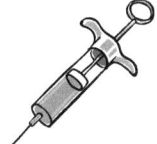

inenting

vaccinatie

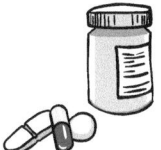

tabletten

tabletten

pil

pil

alarmnummer

noodoproep

bloeddrukmeter

bloeddrukmeter

ziek / gezond

ziek / gezond

Help!

Help!

alarm

alarm

overval

overval

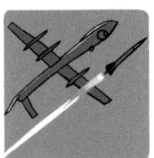

aanval

aanval

gevaar

gevaar

nooduitgang

nooduitgang

Brand!

Brand!

brandblusser

brandblusser

ongeluk

ongeval

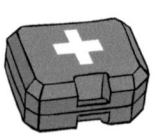

EHBO-koffer

EHBO-kit

SOS

SOS

politie

politie

Europa

Europa

Noord-Amerika

Noord-Amerika

Zuid-Amerika

Zuid-Amerika

Afrika

Afrika

Azië

Azië

Australië

Australië

Atlantische Oceaan

Atlantische Oceaan

Stille Oceaan

Stille Oceaan

Indische Oceaan

Indische Oceaan

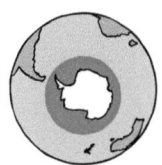

Zuidelijke Oceaan

Antarctische Oceaan

Noordelijke IJszee

Arctische Oceaan

Noordpool

Noordpool

Zuidpool

Zuidpool

Antarctica

Antarctica

aarde

aarde

land

land

zee

zee

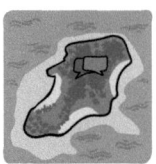

eiland

eiland

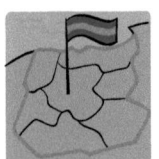

natie

natie

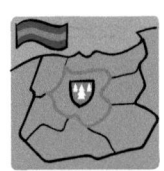

staat

staat

wijzerplaat

wijzerplaat

uurwijzer

uurwijzer

minutenwijzer

minuutwijzer

secondewijzer

secondewijzer

Hoe laat is het?

Hoe laat is het?

dag

dag

tijd

tijd

nu

nu

digitaal horloge

digitale horloge

minuut

minuut

uur

uur

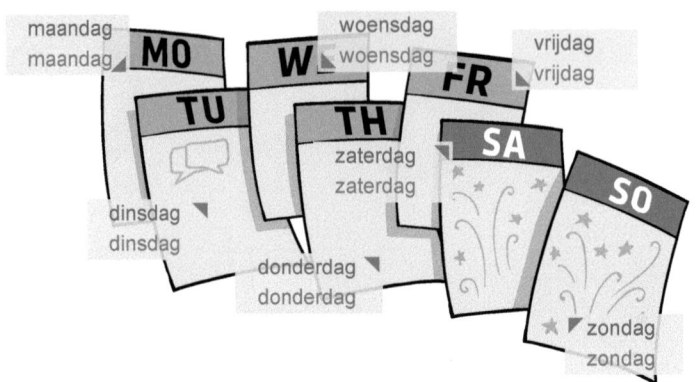

maandag
maandag

woensdag
woensdag

vrijdag
vrijdag

dinsdag
dinsdag

zaterdag
zaterdag

donderdag
donderdag

zondag
zondag

gisteren

gisteren

vandaag

vandaag

morgen

morgen

ochtend

ochtend

middag

middag

avond

avond

MO	TU	WE	TH	FR	SA	SU
1	2	3	4	5	6	7
8	9	10	11	12	13	14
15	16	17	18	19	20	21
22	23	24	25	26	27	28
29	30	31	1	2	3	4

werkdagen

werkdagen

MO	TU	WE	TH	FR	SA	SU
1	2	3	4	5	6	7
8	9	10	11	12	13	14
15	16	17	18	19	20	21
22	23	24	25	26	27	28
29	30	31	1	2	3	4

weekend

weekend

regen
regen

regenboog
regenboog

wind
wind

sneeuw
sneeuw

voorjaar
lente

herfst
herfst

zomer
zomer

winter
winter

4.APRIL	11°	☀
5.APRIL	4°	☁
6.APRIL	13°	☁
7.APRIL	8°	☀
8.APRIL	10°	☀

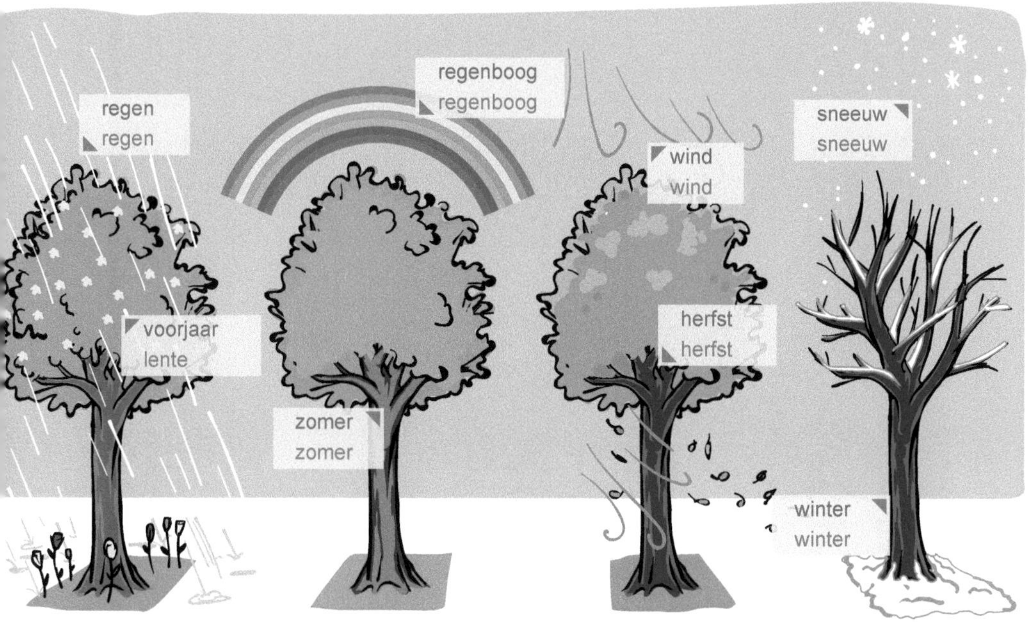

weerbericht
weervoorspelling

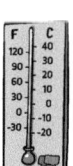

thermometer
thermometer

zonneschijn
zonneschijn

wolk
wolk

mist
mist

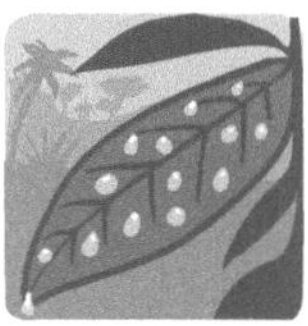

luchtvochtigheid
vochtigheid

bliksem

bliksem

donder

donder

storm

storm

hagel

hagel

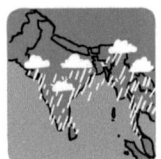

moesson

moesson

overstroming

overstroming

ijs

ijs

januari

januari

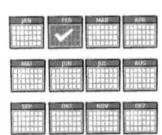

februari

februari

maart

maart

april

april

mei

mei

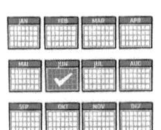

juni

juni

juli

juli

augustus

augustus

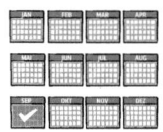

september

september

oktober

oktober

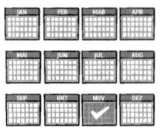

november

november

december

december

vormen

vormen

cirkel

cirkel

vierkant

kwadraat

rechthoek

rechthoek

driehoek

driehoek

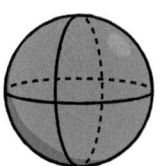

bol

bol

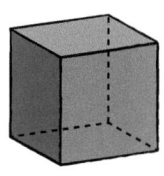

kubus

kubus

kleuren

wit

wit

geel

geel

oranje

oranje

roze

roze

rood

rood

paars

paars

blauw

blauw

groen

groen

bruin

bruin

grijs

grijs

zwart

zwart

veel / weinig
veel / weinig

boos / rustig
boos / kalm

mooi / lelijk
mooi / lelijk

begin / einde
begin / einde

groot / klein
groot / klein

licht / donker
licht / donker

broer / zus
broer / zus

schoon / vies
proper / vuil

volledig / onvolledig
volledig / onvolledig

dag/ nacht
dag / nacht

dood / levend
dood / levend

breed / smal
breed / smal

eetbaar / oneetbaar

eetbaar / oneetbaar

gemeen / aardig

kwaadaardig / vriendelijk

opgewonden / verveeld

opgewonden / verveeld

dik / dun

dik / dun

eerste / laatste

eerst / laatst

vriend / vijand

vriend / vijand

vol / leeg

vol / leeg

hard / zacht

hard / zacht

zwaar / licht

zwaar / licht

honger / dorst

honger / dorst

ziek / gezond

ziek / gezond

illegaal / legaal

illegaal / legaal

intelligent / dom

intelligent / dom

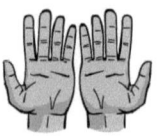

links / rechts

links / rechts

dichtbij / ver

dichtbij / veraf

nieuw / gebruikt

nieuw / gebruikt

niets / iets

niets / iets

oud / jong

oud / jong

aan / uit

aan / uit

open / gesloten

open / dicht

zacht / luid

stil / luid

rijk / arm

rijk / arm

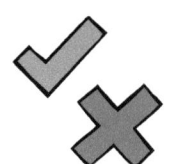

goed / fout

juist / fout

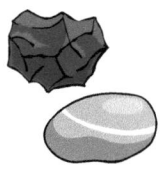

ruw / glad

ruw / glad

verdrietig / gelukkig

droevig / blij

kort / lang

kort / lang

langzaam / snel

traag / snel

nat / droog

nat / droog

warm / koel

warm / koud

oorlog / vrede

oorlog / vrede

0

nul

nul

1

één

één

2

twee

twee

3

drie

drie

4

vier

vier

5

vijf

vijf

6

zes

zes

7

zeven

zeven

8

acht

acht

9

negen

negen

10

tien

tien

11

elf

elf

12

twaalf

twaalf

13

dertien

dertien

14

veertien

veertien

15

vijftien

vijftien

16

zestien

zestien

17

zeventien

zeventien

18

achttien

achtien

19

negentien

negentien

20

twintig

twintig

100

honderd

honderd

1.000

duizend

duizend

1.000.000

miljoen

miljoen

Engels

Engels

Amerikaans Engels

Amerikaans Engels

Chinees Mandarijn

Chinees (Mandarijn)

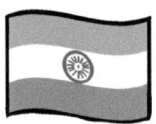

Hindi

Hindi

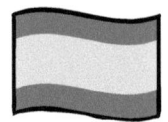

Spaans

Spaans

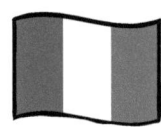

Frans

Frans

Arabisch

Arabisch

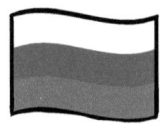

Russisch

Russisch

Portugees

Portugees

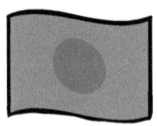

Bengalees

Bengali

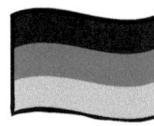

Duits

Duits

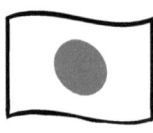

Japans

Japans

ik
ik

jij
u

hij / zij / het
hij / zij / het

wij
wij

jullie
u

zij
ze

wie?
wie?

wat?
wat?

hoe?
hoe?

waar?
waar?

wanneer?
wanneer?

naam
naam

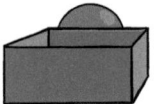

achter

achter

in

in

voor

voor

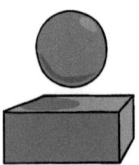

boven

boven

op

op

onder

onder

naast

naast

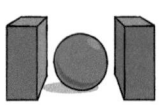

tussen

tussen

plaats

plaats